하루 한 시 낭만 이백

1300년전 낭만이 시작되다

번역하고 엮은이 서미령

리아앤제시

하루한시 낭만이백

1판 1쇄 인쇄 2025년 6월 15일
1판 1쇄 발행 2025년 9월 15일
펴낸곳　　 출판사 리아앤제시 와 엮은이 서미령
출판신고　 제2021-000049호
주소　　　 경기도 부천시 부천로 198번길 18
이메일　　 lianjesse@naver.com
ISBN　　　 979-11-993140-1-6
가격　　　 14,900원

이 아름다운 필사 노트를

_____님에게

드립니다.

년   월   일

⏶ 하루한시 낭만이백

이백의 삶

이백^{李白}(701~762)은 당나라 최고의 시인으로, 생전에 약 10,000편의 시를 창작했으나, 현재까지 전해진 것은 약 1,100편 정도다. 그는 자유롭고 솔직한 감정을 시에 담아내어 시대를 초월한 공감을 끌어냈다.

이백은 어린 시절부터 뛰어난 재능을 보였다. 11살에 이미 오경을 모두 익혔고, 25살부터는 전국을 여행하며 다양한 경험을 쌓았다. 그는 도교의 삶을 즐기며, 검술 등 다양한 활동을 통해 자신을 단련했다. 이백은 큰 꿈을 품고 나라를 위해 일하고자 했지만, 솔직한 성격 때문에 벼슬을 오래 유지하지 못했다. 그러나 그는 자신의 목소리를 시에 녹여 여러 번의 실패를 이겨냈다. 인생을 긍정적이고 낙천적으로 바라본 인생을 향한 그의 태도는 현생을 살아가는 많은 사람에 귀감이 된다.

이백의 작품은 《전당시^{全唐詩}》에 수록되어 있으며, 개인 시집으로는 《이태백집^{李太白集}》이 있다. 그는 많은 명문장과 사자성어의 기원이 되는 작품을 남겼다. 이백의 작품에는 낭만과 문화가 가득 담겨 있다.

이백(701~762)

701 쇄엽^{碎葉}성에서 태어났다는 설이 있다.

705 부친을 따라 쓰촨성으로 이주해 어린 시절을 보냈다.

715 일찍이 시로 이름을 알렸다.

725 쓰촨성을 떠나 여러 지역을 유람했다.

727 허베이성 안륙^{安陸}에서 옛 재상의 손녀 허씨와 결혼하였다.

742 도사 오균의 추천으로 '한림공봉'이라는 벼슬을 했다.

744 정치적 포부를 펼치지 못하자 장안을 떠나 또다시 여러 지역을 유람했다.

757 영왕의 막료로 들어갔다가 영왕이 권력 투쟁에서 패하자, 연루되어 야랑 지역으로 유배 가게 되었다.

759 야랑으로 가는 도중, 백제성을 지날 때 사면 되었다.

762 안후이성 당도^{當塗}에서 《임로가》를 짓고 생을 마감했다.

이백의 시, 낭만을 깨우다

한때 미술 선생님이셨던 아버지는 서예의 아름다움에 매료되셨습니다. 언젠가 "만약 옛 시가 쉽게 풀이되어 있다면, 내 서예에 큰 도움이 될 텐데."라고 말씀하신 적이 있습니다. 언젠가는 꼭 이뤄드려야지 했던 한시 번역은 바쁜 일상에 계속 미뤄지다가 어느새 약해진 모습을 보인 아버지를 마주한 다음 날부터 번역을 시작했습니다.

"만약 다시 시작할 수 있다면, 저는 이백처럼 살고 싶어요." 이 구절은 중국 인기 가수 이영호의 노래 '이백'의 가사에 나옵니다. 이백은 지금으로부터 1300년 전 인물이지만, 여전히 이처럼 사람들의 마음속 낭만의 상징으로 자리 잡고 있습니다.

이 필사책에 담긴 시는 단순히 글을 쓰는 행위를 넘어, 마음을 치유하고 내면의 목소리를 듣는 소중한 과정이 될 수 있게 구성했습니다. 이 책이 독자 여러분의 일상에 소소한 낭만을 가져다주길 바랍니다. 현생도 충분히 낭만적일 수 있습니다.

마지막으로 함께 힘써준 출판사 안지민 대표께 깊은 감사를 전합니다.

2025.09.02

서미령

일러두기

이백의 시 중, 닐리 알려진 시, 교과서에 수록된 시, 그리고 누구나 즐길 수 있는 시 50수를 선정했다.

한시의 번역은 의미를 최대한 살리면서도 한문을 최소화하여 독자들이 시를 쉽게 이해하고 필사의 즐거움을 느낄 수 있도록 했다. 시의 해석은 창작 배경과 관련된 최소한의 메시지만 포함했고, 일부 시에는 시에 얽힌 에피소드를 수록했다. 또한, 다소 긴 시는 필사를 위한 명장면만을 발췌하여 독자들이 집중할 수 있도록 했다.

부록엔 이백이 쓴 시의 배경이 되는 지형을 표기해 독자의 이해를 높였다.

참고자료

賀新輝 主編,《全唐詩》, 中州古籍出版社, 2006.

蘅塘退士 編,《唐詩三百首》, 雲南敎育出版社, 2010.

李白·杜甫·白居易 著,《李白·杜甫·白居易詩》, 雲南敎育出版社, 2010.

산속의 문답

山中問答 산중문답

내게 왜 이 깊은 산골에 사나 묻길래,

그저 웃음으로 답했네.

복사꽃잎 시냇가 따라 유유히 흘러가는

이곳이야말로 별천지라네.

問余何意棲碧山, 笑而不答心自閑.

桃花流水窅然去, 別有天地非人間.

수능고전시가수록시

• 벽산(후베이성에 있는 백조산) 아래 도화암에서 학문을 닦을
때 자연에서 얻은 자유와 평화로움을 담았다.

問余何意棲碧山　　　문여하의서벽산

笑而不答心自閑　　　소이불답심자한

桃花流水窅然去　　　도화유수요연거

別有天地非人間　　　별유천지비인간

고요한 달밤 고향을 그리며

靜夜思 정야사

환한 달빛이 침대 머리맡을 비추니

땅에 내려앉은 서린가 했네.

고개 들어 둥근 달을 우러러보니

고향 생각에 고개가 절로 숙여지네.

床前明月光, 疑是地上霜.

擧頭望明月, 低頭思故鄕.

#초등교재수록시

• 객지를 떠돌던 어느 날, 달을 보며 고향을 그리워하며 지었다.

_____

_____

_____

_____

_____

_____

_____

_____

床前明月光　　　　　상전명월광

疑是地上霜　　　　　의시지상상

擧頭望明月　　　　　거두망명월

低頭思故鄕　　　　　저두사고향

갈 길이 험난하네(부분)

行路難 행로난

갈 길이 험난하네, 갈 길이 험난하네.

이 많은 갈림길 중 어디로 가야 하나?

언젠가 거센 바람 맞서 성난 파도 다스릴 날 오면

하늘 높이 돛을 올려 짙푸른 바다 건너가리.

行路難, 行路難, 多岐路, 今安在?

長風破浪會有時, 直挂雲帆濟滄海.

#중학교교재수록시

• 어디로 가야 할지 막막한 인생살이지만 언젠간 좋은 날이 올 것이라 생각하며 썼다.

行路難　行路難　　　행로난　행로난

多岐路　今安在　　　다기로　금안재

長風破浪會有時　　　장풍파랑회유시

直挂雲帆濟滄海　　　직괘운범제창해

술을 권하며(부분)

將進酒 장진주

인생이 순조로운땐 마음껏 누려야 하니,

황금 술잔에 술 채워 달빛만 비치게 하지 말아야지.

하늘이 내린 재능 반드시 쓰일 날 있을 것이니,

천금을 호기롭게 모두 써버려도 언젠가 다시 채워지리라.

人生得意須盡歡, 莫使金樽空對月.

天生我材必有用, 千金散盡還復來.

#고등교재수록시

• 술을 권하는 시로 가장 널리 알려졌다. 친구와 어울리며 인생을 즐기고, 하늘이 주는 재능을 믿으며 적극적으로 살아가자는 메시지를 담았다. 인생에서 중요한 것은 순간을 즐기는 것으로, 재능은 하늘이 주신 것으로 쓰일 때가 있을 것이고, 돈도 쓰고 나면 다시 생기는 법이라고 말했다.

人生得意須盡歡　　인생득의수진환

莫使金樽空對月　　막사금준공대월

天生我材必有用　　천생아재필유용

千金散盡還復來　　천금산진환복래

동산을 생각하며

憶東山 억동산

오랜만에 찾은 동산에는

장미가 몇 번이나 피고 졌을까?

그곳 흰 구름은 여전히 자유롭게 떠다니는데,

밝은 달은 오늘 밤 뉘 집에 내리려나?

不向東山久，薔薇幾度花.

白雲還自散，明月落誰家.

• 시인은 동산(저장성에 있는 산)에 은거했던 동진 시기 유명한 군사가이며 정치가였던 사안을 떠올리며 자신의 정치적 포부를 말하고 있다.

不向東山久　　　불향동산구

薔薇幾度花　　　장미기도화

白雲還自散　　　백운환자산

明月落誰家　　　명월락수가

산속에서 친구와 술 마시며

山中與幽人對酌 산중여유인대작

꽃 핀 동산, 단둘이 마주 앉아 술잔을 주고 받으며

한 잔, 한 잔, 또 한 잔에 나도 모르게 취하네.

내 술에 흠뻑 취해 잠들거든 그댄 알아서 돌아가고,

내일 아침 술 생각나거든, 거문고 안고 다시 오게.

兩人對酌山花開, 一杯一杯復一杯.

我醉欲眠卿且去, 明朝有意抱琴來.

• 산속에서 은거한 친구와 함께 마음껏 마시고, 하고 싶은 대로 살며 그 어딘가에도 매이지 않는 삶의 태도를 담았다.

兩人對酌山花開　　양인대작산화개

一杯一杯復一杯　　일배일배복일배

我醉欲眠卿且去　　아취욕면경차거

明朝有意抱琴來　　명조유의포금래

고구려

高句麗 고구려

금실로 화려하게 수놓은 갓을 쓰고

백마에 몸을 실어 유유히 거닐다

펄럭이는 넓은 소매 훨훨 날려 춤추는 모습이

동쪽 바다의 송골매가 날아온 듯 하구나.

金花折風帽, 白馬小遲回.

翩翩舞廣袖, 似鳥海東來.

• 백마를 타듯, 송골매가 날아오듯 풍채 좋은 고려인이 춤추는
모습을 담았다.

金花折風帽　　　　　금화절풍모

白馬小遲回　　　　　백마소지회

翩翩舞廣袖　　　　　편편무광수

似鳥海東來　　　　　사조해동래

청평의 노래

清平調 청평조

귀비 자태는 마치 꽃구름 같고 얼굴은 한 송이 꽃이라

봄바람 난간 스치며 이슬 머금고 활짝 폈네.

이 아름다움 군옥산 꼭대기까지 이르지 못하면

달빛 환히 비치는 하늘궁전에 가야만 보리.

雲想衣裳花想容, 春風拂檻露華濃.

若非群玉山頭見, 會向瑤臺月下逢.

· 구름을 보면 양귀비의 아름다운 자태가 생각나고, 꽃을 보면
양귀비의 아름다운 얼굴이 생각날 정도로 황제의 사랑을 한 몸
에 받은 귀비의 선녀 같은 아름다움을 썼다.

雲想衣裳花想容 운상의상화상용

春風拂檻露華濃 춘풍불함로화농

若非群玉山頭見 약비군옥산두견

會向瑤臺月下逢 회향요대월하봉

경정산에 홀로 앉아

獨坐敬亭山 독좌경정산

새들이 떼지어 하늘 높이 날아가고,

외로운 구름 한 조각 유유히 흘러가네.

계속 보아도 질리지 않을 경정산이여,

오직 너만이 내 마음 알아주는구나.

衆鳥高飛盡, 孤雲獨去閑.

相看兩不厭, 只有敬亭山.

#초등교재수록시

• 육조 시대 시인인 사조를 존경했던 이백은 사조가 자주 갔던 경정산(안후이성에 있는 산)을 여러 번 찾아갔다. 조정에서 뜻을 펼치지 못해 마음이 힘들었지만, 경정산에 가면 마음이 편안해졌다. 그곳에서 슬픔과 외로움을 잊고, 자연과 하나가 되는 기쁨을 느꼈다.

衆鳥高飛盡　　중조고비진

孤雲獨去閑　　고운독거한

相看兩不厭　　상간양불염

只有敬亭山　　지유경정산

홀로 시름을 달래며

自遣 자견

날 저무는 줄 모르고 술잔을 기울이는 동안

꽃잎이 옷자락에 수북이 안겼네.

술기운에 이끌려 달빛 품은 개울가를 걸으니

새는 어디로 사라지고 인적조차 찾아볼 수 없네.

對酒不覺暝, 落花盈我衣.

醉起步溪月, 鳥還人迹稀.

• 꽃나무 아래서 날이 저물 때까지 술을 마시다 달빛 아래 개울가를 거닐며 집으로 가는 길에 스스로 마음을 달랜다.

對酒不覺暝　　　대주불각명

落花盈我衣　　　락화영아의

醉起步溪月　　　취기보계월

鳥還人迹稀　　　조환인적희

정도호의 노래(부분)

丁都護歌 정도호가

강물 따라 거슬러 올라가노라면

강기슭엔 상점이 즐비하고 번화하네.

무더위에 물소도 달을 보고 헐떡이는데

배를 끌어당기는 일의 고단함을 어찌 말로 다 하랴.

雲陽上征去，兩岸饒商賈.

吳牛喘月時，拖船一何苦.

• 운양(장쑤성 단양시) 뱃사람의 고단하고 비참함을 동정하며 지은 시다. 더위 먹은 오나라 땅의 소가 달만 봐도 태양인 줄 알고 헐떡거린다는 의미의 '오우천월'이 여기서 유래했다.

雲陽上征去　　운양상정거

兩岸饒商賈　　양안요상가

吳牛喘月時　　오우천월시

拖船一何苦　　타선일하고

동로문에서 배를 타며

東魯門泛舟 동로문범주

흰모래 위 맑은 물에 저녁 하늘 비치고,

일렁이는 파도, 바위 그림자도 물길 따라 감도네.

흥겨운 배마저 달빛 아래 시냇물 따라가니,

마치 그 옛날 눈 내린 산음에 온 듯하네.

日落沙明天倒開, 波搖石動水濴回.

輕舟泛月尋溪轉, 疑是山陰雪後來.

• 동로문(산둥성 취푸 일대)에서 달밤에 배를 타고 유람하는 즐거움을 담은 시다. 동진 시대의 왕휘지가 큰 눈이 내리는 밤에 섬계에 사는 친구 생각이 간절해 배를 타고 친구 집 문 앞까지 갔다가 들어가지 않고 돌아왔다. 그를 보고 왜 그랬냐고 묻자 "나는 흥에 겨워 왔다가 흥을 즐기고 돌아가는 것이니 이상하게 생각하지 마시오!"라고 했다. 산음은 지금의 저장성 사오싱 지역으로 고전시문에 자주 나온다.

日落沙明天倒開　　일락사명천도개

波搖石動水縈回　　파요석동수영회

輕舟泛月尋溪轉　　경주범월심계전

疑是山陰雪後來　　의시산음설후래

원망스러운 정

怨情 원정

아리따운 여인이 구슬발을 걷어 올리고,

눈썹을 찌푸린 채 슬픔에 잠겨 앉았네.

눈가에 남은 눈물 자국이 아직 촉촉한데,

누굴 그리 원망하는지 알 길 없네.

美人捲珠簾，深坐顰蛾眉.

但見淚痕濕，不知心恨誰.

• 규중에 있는 여인이 그리운 이를 기다리며 느낀 원망스러운 마음을 잘 드러낸 시다. 구슬발을 걷어 그리운 이가 오는지 내다보다, 끝내 돌아오지 않자, 눈썹을 찌푸리는데, 누굴 미워하는지 조차 알 길 없다.

美人捲珠簾　　미인권주렴

深坐顰蛾眉　　심좌빈아미

但見淚痕濕　　단견루흔습

不知心恨誰　　불지심한수

옥돌 계단에 맺힌 미움

玉階怨 옥계원

옥돌 계단에 하얀 이슬 내리고

밤이 깊어 비단 버선마저 젖었구나.

더 이상 생각 말자 다짐하며 수정발을 내렸건만

어느새 창문 너머 영롱한 가을 달빛을 바라보고 있구나.

玉階生白露, 夜久侵羅襪.

却下水晶簾, 玲瓏望秋月.

• 비단 버선이 이슬에 푹 젖을 때까지 옥돌 계단에 서서 님을 기다리다가 실내로 들어와서는 수정발 넘어 달을 바라보는 여인의 아련함을 그렸다.

玉階生白露　　　옥계생백로

夜久侵羅襪　　　야구침라말

却下水晶簾　　　각하수정렴

玲瓏望秋月　　　영롱망추월

추포의 노래

秋浦歌 추포가

새하얀 머리칼이 삼천 장이나 자란건

내 근심이 그리 많아서라네.

맑은 거울 앞에서도 알 길 없네.

어디서 이리 가을 서리를 얻었는지.

白髮三千丈, 緣愁似箇長.

不知明鏡裏, 何處得秋霜.

• 만년에 뜻을 이루지 못해 흰머리가 길고 길어 삼천 장이나 될 만큼 깊은 슬픔을 담아 쓴 시이다. '장'은 길이의 단위로, 한 장은 한 자의 열 배로 약 3미터다.

白髮三千丈　　　백발삼천장

緣愁似箇長　　　연수사개장

不知明鏡裏　　　불지명경리

何處得秋霜　　　하처득추상

산 위 절집에서 밤을 지새며

夜宿山寺 야숙산사

산 정산 우뚝 솟은 절집 높이가 하늘을 찌를 듯 높네.

손을 뻗으면 별이라도 딸 수 있을 것 같지만,

소리 죽여 고요 속에 머무는 것은

하늘에 계신 신령이 놀라실까 두렵기 때문이라네.

危樓高百尺, 手可摘星辰.

不敢高聲語, 恐驚天上人.

#초등교재수록시

• 산 위의 절에서 하룻밤을 보내며, 높은 누각에서 하늘의 별을
보고 느낀 자연의 경이로움을 담았다.

危樓高百尺

手可摘星辰

不敢高聲語

恐驚天上人

위루고백척

수가적성진

불감고성어

공경천상인

강 위에서 읊은 시(부분)

江上吟 강상음

흥겨워 붓을 휘두르며 세상 들썩이고,

시를 쓰며 이 세상을 웃음띠고 굽어보네.

부귀영화가 영원할 수 있다면,

한수의 강물도 서북으로 거슬러 흘러야 하리.

興酣落筆搖五岳，詩成笑傲凌滄洲.

功名富貴若長在，漢水亦應西北流.

• 배 타고 유람하면서 각박하고 냉혹한 현실을 싫어하고 대신 자유롭고 아름다운 이상을 추구하는 마음을 담았다.

興酣落筆搖五岳　　흥감락필요오악

詩成笑傲凌滄洲　　시성소오릉창주

功名富貴若長在　　공명부귀약장재

漢水亦應西北流　　한수역응서북류

가을날 형문산을 지나며

秋下荊門 추하형문

형문산에 서리 내리니 강가 나뭇잎이 떨어져 내리고,

내가 탄 돛배는 순풍을 타고 부드럽게 물살 가르네.

이 여정은 맛난 농어회를 맛보려는 게 아니라,

명산의 아름다움에 끌려 섬중 일대로 향하는 길이네.

霜落荊門江樹空, 布帆無恙挂秋風.

此行不爲鱸魚鱠, 自愛名山入剡中.

• 시인이 처음 고향을 떠나 형문산을 지나가다 가을 풍경을 보며 지은 시다. 서진 시기 낙양에서 벼슬을 하던 장한은 가을바람이 불자 고향의 농어회가 생각나 고향으로 돌아갔다고 한다. 시인은 오히려 재능을 펼치러 가는 길이라 말한다.

霜落荊門江樹空　　　상락형문강수공

布帆無恙挂秋風　　　포범무양괘추풍

此行不爲鱸魚鱠　　　차행불위노어회

自愛名山入剡中　　　자애명산입섬중

여행 중에 지은 시

客中作 객중작

난릉 지역의 명주에 튤립 향기 그윽하고

옥돌 그릇에 따르니 술잔에 황금빛이 감도네.

주인이 술을 많이 권해 나그네가 취해버려

타향인 줄 모르고 고향처럼 편안히 여기게 되네.

蘭陵美酒鬱金香, 玉碗盛來琥珀光.

但使主人能醉客, 不知何處是他鄉.

• 740년 로동 지역을 유람하다가 2년 후 가을에 조정의 부름을 받고 장안으로 가는 길에 지은 시다. 타향살이에 지친 시인은 난릉(산둥에 있음)에서 좋은 술을 마시고 취하여 그곳이 바로 고향이 아닌가 하며, 마음속 깊은 곳에 남아있는 슬픔을 잊으려 하였다. 지금 튤립은 울금이라고 하지만 당나라 시에 나오는 '울금'은 한약재로 쓰이는 생강 비슷한 것이다.

蘭陵美酒鬱金香　　난릉미주울금향

玉碗盛來琥珀光　　옥완성래호박광

但使主人能醉客　　단사주인능취객

不知何處是他鄉　　불지하처시타향

우리는 그저 손님일 뿐(부분)

生者爲過客 생자위과객

시간의 흐름 속 우린 그저 손님일 뿐,

먼저 떠난 이들은 그저 제 갈 길을 찾아 흘러갔을 뿐.

험난한 인생살이 잠시 스쳐 간 인연일 뿐이니,

누구나 언젠간 흙으로 돌아감을 슬퍼하겠지.

生者爲過客, 死者爲歸人.

天地一逆旅, 同悲萬古塵.

• 벼슬길에서 좌절한 시인은 부귀영화의 허망함을 느끼며, 인생의 덧없음과 유한함을 시로 풀어냈다.

生者爲過客　　　　생자위과객

死者爲歸人　　　　사자위귀인

天地一逆旅　　　　천지일역여

同悲萬古塵　　　　동비만고진

봄날의 그리움

春思 춘사

연나라 봄, 초록이 파릇파릇 돋아날 때,

진나라 뽕나무는 푸른 가지 늘여 뻗네.

당신이 고향 그리워 애타는 날이면,

나 또한 당신이 그리워 가슴이 저리네.

어찌 봄바람은 내 마음도 모르고,

안채로 스며들어 이 마음 흔들까?

燕草如碧絲, 秦桑低綠枝.

當君懷歸日, 是妾斷腸時.

春風不相識, 何事入羅幃?

• 봄날 연나라(허베이성 지역) 지방으로 간 남편을 그리워하는
진나라(산시성 지역) 여인의 변함없는 마음을 표현했다.

燕草如碧絲　秦桑低綠枝
當君懷歸日　是妾斷腸時
春風不相識　何事入羅幃

연초여벽사　　　진상저록지

당군회귀일　　　시첩단장시

춘풍불상식　　　하사입라위

언제나 그리워라(부분)

長相思 장상사

꽃처럼 아리따운 여인은 구름 너머에 있네.

머리 위 푸른 하늘은 높디높고,

하늘 아래엔 푸른 물결이 거세게 일렁이네.

혼백마저 날다가 먼 길에 힘 빠지고,

꿈속에라도 험한 관산에 닿지 못하네.

언제나 그리움에 애간장 끓어오르네.

美人如花隔雲端. 上有靑冥之高天,下有淥水之波瀾.

天長路遠魂飛苦, 夢魂不到關山難. 長相思, 摧心肝.

• 장안에 사는 여인을 그리워하며, 꿈에서라도 관산을 넘어 장안에 있는 황제를 만나고 싶은 간절한 마음을 담았다.

美人如花隔雲端　　上有靑冥之高天
下有淥水之波瀾　　天長路遠魂飛苦
夢魂不到關山難　　長相思　　摧心肝

미인여화격운단　　　상유청명지고천

하유록수지파란　　　천장로원혼비고

몽혼불도관산난　　　장상사　최심간

태원의 초가을

太原早秋 태원조추

흘러가는 세월에 꽃잎 지고,

대화별 반짝이는 칠월이 왔네.

원정 떠나는 새벽 길은 차가운 서리 내려 서러운데,

황하를 건너니 구름조차 가을빛에 물들었네.

잠결에도 변방의 달이 아른거리지만,

마음은 벌써 고향 누각에 닿았네.

불현듯 밀려오는 고향 생각에,

하루하루 그리움이 쌓여가네.

歲落衆芳歇, 時當大火流. 霜威出塞早, 雲色渡河秋.

夢繞邊城月, 心飛故國樓. 思歸若汾水, 無日不悠悠.

• 태원(산시성 타이위안시)의 초가을 풍경을 보며 타향에 머무는 외로움과 고향에 대한 그리움을 담았다.

歲落衆芳歇　時當大火流　霜威出塞早

雲色渡河秋　夢繞邊城月　心飛故國樓

思歸若汾水　無日不悠悠

세락중방헐　　시당대화류　　상위출새조

운색도하추　　몽요변성월　　심비고국루

사귀약분수　　무일불유유

친구를 보내며

送友人 송우인

푸른 산은 북쪽 성곽 너머로 우뚝 솟고

맑은 강은 동쪽 성벽을 휘감아 흐르네.

여기 나와 작별하고,

외로이 떠날 그대의 만 리 길이 쓸쓸하네.

떠도는 구름은 그대 마음이고,

석양빛 아쉬움은 친구를 향한 내 마음이라네.

손 흔들며 사라지는 그대 모습은

홀로 떠나는 말의 울음 따라 아득해지네.

靑山橫北郭, 白水繞東城. 此地一爲別, 孤蓬萬里征.

浮雲遊子意, 落日故人情. 揮手自玆去, 蕭蕭班馬鳴.

#중학교재수록시

• 시인이 멀리 떠나는 친구를 배웅하며 썼다.

靑山橫北郭　白水繞東城　此地一爲別
孤蓬萬里征　浮雲遊子意　落日故人情
揮手自玆去　蕭蕭班馬鳴

청산횡북곽　　　백수요동성　　　차지일위별

고봉만리정　　　부운유자의　　　락일고인정

휘수자자거　　　소소반마명

청계의 노래

淸溪行 청계행

내 마음 씻어주는 청계천은

어떤 시냇물보다 투명하구나.

맑기로 이름난 신안강에 묻노니,

너도 이처럼 바닥까지 환히 비칠 만큼 깨끗한지?

사람들은 마치 맑은 거울을 오가는 듯 비치고,

새들은 마치 병풍 속 날아다니는 듯 비치네.

해질녘 원숭이 울음소리 들리면

먼 길을 떠도는 나그네 마음을 더 구슬프게 하네.

淸溪淸我心, 水色異諸水. 借問新安江, 見底何如此?

人行明鏡中, 鳥度屏風裏. 向晩猩猩啼, 空悲遠游子.

• 장안을 떠나 안후이성 일대를 유람하며 본 청계의 맑고 깨끗함을 노래함과 동시에 재능을 펼칠 길 없는 슬픔을 담았다.

清溪清我心　水色異諸水　借問新安江
見底何如此　人行明鏡中　鳥度屛風裏
向晚猩猩啼　空悲遠游子

청계청아심　　　　수색이제수　　　　차문신안강

견저하여차　　　　인행명경중　　　　조도병풍리

향만성성제　　　　공비원유자

장간리의 노래(부분)

長干行 장간행

그대가 대나무 말을 타고 나타나면

우린 푸른 매실 따며 우물가를 맴돌며 놀곤 했죠.

장간리 한 마을에서 같이 자랐기에

어릴 땐 천진난만하게 어울렸죠.

열네 살에 그대의 아내가 되어

수줍음에 얼굴 붉히느라 웃어 보질 못했죠.

머리 숙여 벽만 바라보느라

천만번 불러봐도 한 번도 돌아보지 못했죠.

郎騎竹馬來, 繞床弄靑梅. 同居長干里, 兩小無嫌猜.

十四爲君婦, 羞顏未嘗開. 低頭向暗壁, 千喚不一回.

• 한 여인의 삶을 그린 서사시로, 장간리 지역에서 같이 자란 어린 남녀가 소꿉장난한다는 '청매죽마', 허물없이 어울린다는 '양소무시' 등 사자성어가 이 시에서 유래했다.

郎騎竹馬來　繞床弄青梅　同居長干裏
兩小無嫌猜　十四爲君婦　羞顔未嘗開
低頭向暗壁　千喚不一回

랑기죽마래	요상농청매	동거장간리
양소무혐시	십사위군부	수안미상개
저두향암벽	천환불일회	

잔을 들어 달에게 묻노라(부분)

把酒問月 파주문월

지금 우린 옛 달을 볼 수 없지만,

오늘 밤 뜨는 저 달은 옛사람도 비추었겠지.

예나 지금이나 사람은 흐르는 강물처럼 변함없으니,

저 밝은 달을 보며 이런 생각을 했으리.

내 노래를 부르며 술을 마실 때만큼은,

황금 술잔에 달빛을 듬뿍 담아주기를.

今人不見古時月, 今月曾經照古人.

古人今人若流水, 共看明月皆如此.

唯願當歌對酒時, 月光長照金樽裏.

• 달을 초대하여 질문하고, 광활한 우주의 영원함과 인생의 유
한함을 생각하며 인생의 의미를 새긴다.

今人不見古時月 今月曾經照古人
古人今人若流水 共看明月皆如此
唯願當歌對酒時 月光長照金樽裏

금인불견고시월　　　　금월증경조고인

고인금인약유수　　　　공간명월개여차

유원당가대주시　　　　월광장조금준리

종남산 산인의 술상에서(부분)

下終南山過斛斯山人宿置酒 하종남산과곡사산인숙치주

편히 쉴 곳을 찾아 즐거운 담소를 나누며,

흥겨움에 취해 향긋한 술을 권하네.

'풍입송' 한 곡 멋지게 뽑아 보니,

노래가 끝날 무렵엔 은하수 별빛이 아른거리네.

주인마저 풍경에 취해 함께 즐기니,

흐뭇한 마음에 부질없는 욕심까지 사라지네.

歡言得所憩, 美酒聊共揮. 長歌吟松風, 曲盡河星稀.

我醉君復樂, 陶然共忘機.

• 하산할 때 곡사라는 은자 집으로 초대받아, 술 마시고 노래
부르며, 즐겁게 대화하는 농가 이야기다.

歡言得所憩　美酒聊共揮　환언득소게 미주료공휘
長歌吟松風　曲盡河星稀　장가음송풍 곡진하성희
我醉君復樂　陶然共忘機　아취군복악 도연공망기

금릉에서 친구들과 작별하며

金陵酒肆留別 금릉주사류별

버드나무 꽃씨 봄바람에 나부낀 술 향기 그윽한 주점에선

오나라 여인이 새로 담은 향긋한 술을 권하네.

금릉 벗들 날 배웅하러 모여

떠나는 이도, 보내는 이도 아쉬워 애꿎은 잔만 비우네.

그대여, 동으로 흐르는 저 강물에 물어보게.

이별의 아쉬움과 흘러가는 강물 중 어느 쪽이 더 긴지.

風吹柳花滿店香, 吳姬壓酒勸客嘗. 金陵子弟來相送,

欲行不行各盡觴. 請君試問東流水, 別意與之誰短長?

• 시인이 금릉(난징시)의 한 주점에서 친구와 작별할 때, 동으로 흐르는 강물이 길까 아니면 이별의 정이 길까 물으며 이별의 아쉬움을 담았다.

Date:

風吹柳花滿店香　吳姬壓酒勸客嘗
金陵子弟來相送　欲行不行各盡觴
請君試問東流水　別意與之誰短長

풍취류화만점향　　　　오희압주권객상

금릉자제래상송　　　　욕행불행각진상

청군시문동류수　　　　별의여지수단장

달빛 아래 홀로 술잔을 기울이며(부분)

月下獨酌 월하독작

화원 한 가운데 술병 하나 두고,

함께할 이 없어 홀로 잔 기울이니 참 외롭구나.

술잔을 들어 밝은 달을 초대하니,

내 그림자까지 불러내어 셋이 되었네.

달은 술을 마다하고,

그림자만 날 따라 흉내 내는구나.

그저 잠시나마 달과 그림자를 벗 삼아,

이 아름다운 봄날을 한껏 즐겨보세.

花間一壺酒，獨酌無相親. 擧杯邀明月，對影成三人.

月旣不解飮，影徒隨我身. 暫伴月將影，行樂須及春.

• 시인이 벼슬할 때 기대와 달리 포부를 펼치지 못하고, 시기와 배척만 당해 홀로 술 마시며 슬픔을 달랜다.

花間一壺酒　獨酌無相親　舉杯邀明月
對影成三人　月旣不解飲　影徒隨我身
暫伴月將影　行樂須及春

화간일호주　　　　독작무상친　　　　거배요명월

대영성삼인　　　　월기불해음　　　　영도수아신

잠반월장영　　　　행락수급춘

오송산 농가에 투숙하며
宿五松山下荀媼家 숙오송산하순오가

오송산 자락 아래 농가에 머무는데

쓸쓸하고 외로워 전혀 즐겁지 않구나.

농부의 허리 꺾일 듯한 고된 가을걷이에

밤새 들리는 이웃집 방앗소리 애처롭기만 하네.

주인이 정성스레 지어 올린 소박한 쌀밥은

밝은 달빛에 비쳐 알알이 윤기나네.

노부인의 온정에 어찌할 바 모르고,

고마움에 차마 먹기 송구스럽구나.

我宿五松下，寂寥無所歡. 田家秋作苦，隣女夜舂寒.

跪進雕胡飯，月光明素盤. 令人慚漂母，三謝不能餐.

• 오송산(안후이성에 있는 산)의 한 농가에서 하룻밤 머물며, 어려움 속에 정성스레 지어 올린 밥상에 감동해 차마 먹지 못하는 시인의 모습을 그렸다.

我宿五松下　寂寥無所歡　田家秋作苦
隣女夜舂寒　跪進雕胡飯　月光明素盤
令人慚漂母　三謝不能餐

아숙오송하　　　적요무소환　　　전가추작고

인여야용한　　　궤진조호반　　　월광명소반

영인참표모　　　삼사불능찬

석문에서 두보를 보내며

魯郡東石門送杜二甫 로군동석문송두이보

이별의 아쉬움에 술에 젖어 지낸 지 벌써 며칠인가,

높은 누각과 연못 누대를 벗 삼아 두루 돌아보았지.

언제 다시 석문산 앞에서 그대를 만나

황금 술잔으로 술을 나눌까?

가을빛 사수강에 내려와 출렁이고,

울렁이는 바닷 빛은 조래산을 밝게 비추네.

바람에 날리는 쑥대머리처럼 모두 흩어지기 전에

함께 든 술잔이나 시원하게 비워보세.

醉別復幾日,登臨遍池臺.何時石門路,重有金樽開?

秋波落泗水,海色明徂徠.飛蓬各自遠,且盡手中杯!

• 당나라 가장 유명한 두 시인의 만남으로, 교류한 시간은 짧지만, 깊은 우정을 나누었음을 담았다.

醉別復幾日　登臨遍池臺　何時石門路

重有金樽開　秋波落泗水　海色明徂徠

飛蓬各自遠　且盡手中杯

취별복기일　　　　등림편지대　　　　하시석문로

중유금준개　　　　추파락사수　　　　해색명조래

비봉각자원　　　　차진수중배

사공정에서

謝公亭 사공정

그 옛날 사조가 친구와 이별했던 사공정에 올라보니

풍경을 볼 때마다 그리움 스며들어 마음이 아리누나.

나그네 모두 떠나고 달빛만 푸른 하늘에 남아,

텅 빈 산 속 흘러가는 푸른 강물을 비추는구나.

봄날 연못가에 핀 꽃은 햇살을 머금고,

가을밤 창가의 대나무는 바람에 흔들려 울고 있구나.

예나 지금이나 이 순간에도

노래 한 곡 한껏 부르며 옛날을 그리리.

謝亭離別處, 風景每生愁. 客散靑天月, 山空碧水流.

池花春映日, 窗竹夜鳴秋. 今古一相接, 長歌懷舊游.

• 사공정(안후이성에 있는 정자)은 사조가 친구와 이별한 곳이
다. 시인은 사조를 회상하며 아쉬운 이별과 펼치지 못한 재능에
대한 안타까움을 읊었다.

謝亭離別處　風景每生愁　客散靑天月
山空碧水流　池花春映日　窗竹夜鳴秋
今古一相接　長歌懷舊游

사정이별처　　　풍경매생수　　　객산청천월

산공벽수류　　　지화춘영일　　　창죽야명추

금고일상접　　　장가회구유

왕륜에게 보내는 시

贈汪倫 증왕륜

나 이백이 배 타고 떠나려는 참에,

홀연히 강 건너서 답가 소리 들려오네.

도화담 강물이 아무리 깊다 한들,

왕륜이 내게 보낸 깊은 우정에 비할 수 없으리.

李白乘舟將欲行, 忽聞岸上踏歌聲.

桃花潭水深千尺, 不及汪倫送我情.

#초등학교수록시

• 왕륜과의 깊은 우정을 담은 시다. 어느 날, 이백이 근처에 왔다는 소식을 들은 왕륜은 도화담 근처에 '십리 길 복숭아나무'와 '만가주점'이 있다고 편지를 써보냈다. 이백이 솔깃해 달려갔지만, '도화담'과 '만 씨'가 운영하는 주점만 있었다. 왕륜은 큰 잔치를 열었고 직접 답가를 추며 이백을 배웅했다. 답가는 여러 사람이 발로 땅을 굴러 박자에 맞춰 노래 부르며 춤을 추는 민간 풍습이다.

李白乘舟將欲行　　이백승주장욕행

忽聞岸上踏歌聲　　홀문안상답가성

桃花潭水深千尺　　도화담수심천척

不及汪倫送我情　　불급왕륜송아정

아미산 달 노래

峨眉山月歌 아미산월가

아미산 가을밤 밝은 반달이 빛나고

평강강 물결 위로 달 그림자 흐르네.

깊은 밤 청계를 떠나 장강 세 협곡을 지나야 하니

그리운 님도 못 보고 유주로 가네.

峨眉山月半輪秋, 影入平羌江水流.

夜發淸溪向三峽, 思君不見下渝州.

• 청계(쓰촨성에 있는 역참)에서 유주(충칭시)로 가는 길에 아
미산의 고요한 가을밤 풍경을 보며 그리움과 아쉬움을 달랜다.

峨眉山月半輪秋　　아미산월반륜추

影入平羌江水流　　영입평강강수유

夜發清溪向三峽　　야발청계향삼협

思君不見下渝州　　사군불견하투주

선성의 진달래를 보며

宣城見杜鵑花 선성견두견화

고향 떠날 때 두견새가 구슬피 울었다네.

선성 자락에 흐드러지게 핀 진달래꽃을 보니,

그 울음소리 생각나 애끊는 마음 멈추지 못하네.

춘삼월 고향 그리움에 가슴이 저려오네.

蜀國曾聞子規鳥, 宣城還見杜鵑花.

一叫一回腸一斷, 三春三月憶三巴.

• 선성(안휘이성에 있는 도시)의 진달래꽃을 보고 향수를 불러 일으킨다.

蜀國曾聞子規鳥　　촉국증문자규조

宣城還見杜鵑花　　선성환견두견화

一叫一回腸一斷　　일규일회장일단

三春三月憶三巴　　심촌심월억삼파

봄밤 낙양 피리 소리 들으며

春夜洛城聞笛 춘야락성문적

어디선가 들려오는 구슬픈 피리 소리,

바람결에 실려 낙양성 골목마다 감도네.

이 봄밤, 이별곡 '절양류'가 흐르면

누군들 고향 생각에 빠지지 않으리?

誰家玉笛暗飛聲, 散入春風滿洛城.

此夜曲中聞折柳, 何人不起故園情.

#중학교교재수록시

• 깊은 봄밤 들려오는 처량한 피리 소리를 들으며 고향에 대한 그리움을 담은 시다.《절양류》는 이별의 아쉬움을 담은 피리 곡조다. '버들 류'는 '머무를 유'와 음이 비슷하여 옛사람들은 이별할 때 버들가지를 꺾어 선물했다 한다.

誰家玉笛暗飛聲　　수가옥적암비성

散入春風滿洛城　　산입춘풍만락성

此夜曲中聞折柳　　차야곡중문절류

何人不起故園情　　하인불기고원정

자야의 오나라 겨울 노래

子夜吳歌(冬歌) 자야오가(동가)

내일 아침 역참의 우편꾼이 떠난다기에

밤새워 원정 간 낭군님 입을 옷에 솜을 누비네.

새하얀 손가락은 얼어 바늘 뽑기 어렵고

얼음 같은 가위는 잡기조차 힘겹네.

이제 겨우 완성한 겨울 옷을 부치는데,

언제 임도강에 닿으려나?

明朝驛使發，一夜絮征袍.

素手抽針冷，那堪把剪刀.

裁縫寄遠道，幾日到臨洮.

• 임도강 근처 전쟁터로 간 정인에 대한 그리움을 담았다.

明朝驛使發　一夜絮征袍　　명조역사발 일야서정포

素手抽針冷　那堪把剪刀　　소수추침냉 나감파전도

裁縫寄遠道　幾日到臨洮　　재봉기원도 기일도림조

새벽녘 백제성을 떠나며

早發白帝城 조발백제성

새벽녘 오색구름 휘감은 백제성을 뒤로 하고

하루 만에 천 리 물길 건너 강릉에 닿았네.

강기슭엔 원숭이 울음소리 그치지 않고

돛단배는 가벼이 첩첩산중을 지났네.

朝辭白帝彩雲間, 千里江陵一日還.

兩岸猿聲啼不住, 輕舟已過萬重山.

• 유배지로 가는 도중 백제성(충칭시에 있음)을 지날 때 뜻밖
에 사면 소식을 듣고 강릉(후베이성에 있음)으로 가는 즐거운
마음을 담았다.

朝辭白帝彩雲間　　　조사백제채운간

千里江陵一日還　　　천리강릉일일환

兩岸猿聲啼不住　　　양안원성제불주

輕舟已過萬重山　　　경주이과만중산

금성 산화루에 올라

登錦城散花樓 등금성산화루

아침 해가 금성을 비추니, 누각 가득 햇살이 넘실대네.

화려한 집 금빛 창문엔 구슬 발이 은 고리에 걸렸고,

사다리 타고 구름 위 올라, 끝까지 바라보니 근심 사라지네.

장강 협곡엔 저녁 비 내리고, 봄 강물은 쌍류현을 감도네.

지금 이곳에 올라오니, 마치 하늘을 유람하는 듯하네.

日照錦城頭, 朝光散花樓. 金窓夾繡戶, 珠箔懸銀鉤.

飛梯綠雲中, 極目散我憂. 暮雨向三峽, 春江繞雙流.

今來一登望, 如上九天游.

• 금성(쓰촨성 청두시)의 산화루(청두시 동북 모서리에 있는 누
각 이름)에 올라 풍경을 담아 쓴 시로, 즐거운 마음을 표현했다.

日照錦城頭 朝光散花樓　일조금성두 조광산화루

金窓夾繡戶 珠箔懸銀鉤　금창협수호 주박현은구

飛梯綠雲中 極目散我憂　비제록운중 극목산아우

暮雨向三峽 春江繞雙流　모우향삼협 춘강요쌍류

今來一登望 如上九天游　금래일등망 여상구천유

광릉으로 가는 맹호연을 보내며

黃鶴樓送孟浩然之廣陵 황학루송맹호연지광릉

황학루에서 오랜 벗과 작별하고,

꽃핀 이른 봄에 양주로 향하네.

외로운 돛단배의 그림자마저 푸른 하늘 끝으로 흩어져

눈앞 가득 오로지 하늘로 흘러가는 장강뿐이네.

故人西辭黃鶴樓, 煙花三月下揚州.

孤帆遠影碧空盡, 惟見長江天際流.

#초등교재수록시

• 728년 봄, 황학루(후베이성 우한시에 있는 누각)에서 광릉
(장쑤성 양저우시)으로 떠나는 맹호연과 송별한 후, 멀리 떠나
는 친구를 바라보는 시인의 모습을 그렸다.

故人西辭黃鶴樓   고인서사황학루

煙花三月下揚州   연화삼월하양주

孤帆遠影碧空盡   고범원영벽공진

唯見長江天際流   유견장강천제류

용표로 가는 왕창령에게

聞王昌齡左遷龍標遙有此寄 문왕창령좌천용표요유차기

바람에 흩날리는 푸른 버들가지 사이로

슬피 우는 두견새 소리 들려오는데,

그대 황량한 오계를 넘어 멀리 용표로 간다 하네.

그대 향한 이 그리움 저 하늘의 밝은 달빛에 싣고,

바람 따라 멀리 야랑까지 따라가리.

楊花落盡子規啼, 聞道龍標過五溪.

我寄愁心與明月, 隨風直到夜郎西.

#중학교교재수록시

• 용표(후난성에 있는 지방 이름)로 가는 시인 왕창령이 재능을 펼칠 기회를 갖지 못함에 대한 안타까움을 한탄하며, 마음은 친구따라 야랑(후난성 일대)까지 동행한다며 위로를 전한다.

楊花落盡子規啼　　양화낙진자규제

聞道龍標過五溪　　문도용표과오계

我寄愁心與明月　　아기수심여명월

隨風直到夜郎西　　수풍직도야랑서

사구성에서 두보에게

沙丘城下寄杜甫 사구성하기두보

무슨 일로 여기 왔던가?

느긋하게 사구성에 기대 쉬면,

성곽 밖 고목에

가을바람 쓸쓸히 불고 있네.

노나라 술을 채워도 취하지 않고

제나라 노래는 들어도 허전할 뿐이네.

그대를 향한 마음만은 강물처럼 멈추지 못하고

그대가 머물고 있는 남쪽으로 끝없이 흐르네.

我來竟何事? 高臥沙丘城. 城邊有古樹, 日夕連秋聲.

魯酒不可醉, 齊歌空復情. 思君若汶水, 浩蕩寄南征.

• 시인은 사구성(산둥성에 있음)에서 두보와 같이 노나라와 제
나라를 유람하며 잊지 못할 즐거운 한 때를 보냈는데, 두보가
장안으로 떠난 뒤에 그를 그리며 썼다.

我來竟何事 高臥沙丘城 　아내경하사 고와사구성

城邊有古樹 日夕連秋聲 　성변유고수 일석련추성

魯酒不可醉 齊歌空復情 　노주부가취 제가공복정

思君若汝水 浩蕩寄南征 　사군야문수 호탕기남정

친구들과 모여

友人會宿 우인회숙

천고의 세월 쌓인 근심을 씻으려니

백 병의 술잔에 마음을 빼앗기네.

아름다운 밤 흥겨운 이야기가 익어가니,

밝은 달빛마저 잠을 쫓아버리네.

흠뻑 취해 고요한 산에 기대어 누우면,

천지가 바로 내 침상이네.

滌蕩千古愁, 留連百壺飮.

良宵宜淸談, 皓月未能寢.

醉來臥空山, 天地卽衾枕.

• 신선처럼 호방하게 인생을 즐기는 모습을 그리고 하늘과 사
람이 하나가 되는 경지를 그렸다.

滌蕩千古愁　留連百壺飲　척탕천고수 유란백호음

良宵宜淸談　皓月未能寢　양소의청담 호월미능침

醉來臥空山　天地卽衾枕　취내와공산 천지즉금침

형문산에서 이별을 하며

渡荊門送別 도형문송별

멀리 형문산을 넘어 뱃길 따라,

초나라 풍경을 마음껏 구경했네.

산맥은 광활한 평야 끝에 사라지고,

강물은 세차게 드넓은 대지로 흘러가네.

물위에 뜬 달은 하늘의 거울처럼 맑게 비치고,

구름은 황홀하고 신비한 신기루로 피어오르네.

마냥 사랑스러운 고향의 이 강물은

만 리 길에 돛배 띄워 날 보내주네.

渡遠荊門外, 來從楚國遊. 山隨平原盡, 江入大荒流.

月下飛天鏡, 雲生結海樓. 仍憐故鄉水, 萬里送行舟.

• 724년 시인이 고향 떠나 장강을 따라 초나라로 가는 길에 형문산(후난성에 있는 산)을 지나며 지은 시이다. 첫 유람 길에 나선 시인을 송별해 준 것은 다름 아닌 그리운 고향의 강물이다.

渡遠荊門外 來從楚國遊　도원형문외 내종초국유

山隨平原盡 江入大荒流　산수평원진 강입대황류

月下飛天鏡 雲生結海樓　월하비천경 운생결해누

仍憐故鄉水 萬里送行舟　잉련고향수 만리송항주

로로정에서

勞勞亭 로로정

하늘 아래 이별의 슬픔이 모여드는

로로정에 서 있네.

봄바람도 이별의 애달픔에 젖어

버드나무에게 서둘러 새싹을 터트리지 말라하네.

天下傷心處, 勞勞送客亭.

春風知別苦, 不遣柳條靑.

• 로로정(난징에 있는 정자 이름)에서 봄날 이별의 아픔을 그렸
다.

天下傷心處　　　천하상심처

勞勞送客亭　　　로로송객정

春風知別苦　　　춘풍지별고

不遣柳條靑　　　불견류조청

다시 회상하며

重憶 중억

강동에 가게 되거든,

누구와 술잔을 기울일까?

회계산에 가도 하지장 어르신이 없으니,

술 실은 배는 물결따라 다시 돌아올 수밖에 없네.

欲向江東去, 定將誰擧杯.

稽山無賀老, 却棹酒船回.

• 742년, 하지장은 장안에서 이백의 시를 읽고 '하늘에서 인간 세상으로 귀양 온 신선'이라고 감탄하며 당현종에게 추천했다. 훗날 강동(장강 하류의 남쪽 지역)에 머물던 하지장이 세상을 떠났단 소식을 들은 시인은 마음을 나눌 친구같은 어르신을 잃은 슬픔을 담았다.

欲向江東去　　　　　　욕향강동거

定將誰擧杯　　　　　　정장수거배

稽山無賀老　　　　　　계산무하노

却棹酒船回　　　　　　각도주선회

대천산 도사님을 뵙지 못하고

訪戴天山道士不遇 방대천산도사불우

개 짖는 소리 뒤섞인 계곡에서,

복사꽃은 이슬 가득 머금었네.

깊은 숲 넘어 이따금 사슴 자취가 보여도

계곡엔 정오의 종소리조차 들리지 않네.

높은 산 대나무가 푸른 아지랑이를 가르고

푸른 산 봉우리에 걸린 폭포는 여전하건만

도사님의 행방은 도무지 알 수가 없어

소나무에 기대어 시름을 달래네.

犬吠水聲中, 桃花帶露濃. 樹深時見鹿, 溪午不聞鍾.

野竹分青靄, 飛泉挂碧峰. 無人知所去, 愁倚兩三松.

• 시인이 대광산(쓰촨성에 있는 산)에 머물며 학문을 닦을 때 지었다.

犬吠水聲中　桃花帶露濃　　견폐수성중 도화대노농

樹深時見鹿　溪午不聞鍾　　수심시견녹 계오불문종

野竹分靑靄　飛泉挂碧峰　　야죽분청애 비천괘벽봉

無人知所去　愁倚兩三松　　무인지소거 수의량삼송

태백봉에 올라(부분)

登太白峰 등태백봉

서쪽 태백봉을 올라

석양 무렵에야 마침내 정상에 올랐네.

서쪽 하늘에 뜨는 태백 금성이 내게 전하길

날 위해 천상계로 통하는 관문을 열었다네.

西上太白峰, 夕陽窮登攀.

太白與我語, 爲我開天關.

• 태백봉(산시성에 있는 태백산)의 웅장한 모습에서 시작해 천상계로 나아가는 상상력이 풍부한 시다. 태백산은 장강과 황하가 만나는 곳에 있으며 산봉우리에는 늘 눈이 쌓여 있다. 당나라의 약왕 손사막은 약초가 많은 태백산에서 40여 년을 은거하며, 일흔이 넘은 고령에 의약서인 《천금요방》 30권을 완성하고, 양생을 중시해 100세 이상 살았다고 한다.

西上太白峰

夕陽窮登攀

太白與我語

爲我開天關

서상태백봉

석양궁등반

태백여아어

위아개천관

생사의 갈림길에서

臨路歌 임로가

온 세상을 활짝 편 날개로 창공을 가르던 붕새가

높은 허공에서 날개 꺾여 추락하네.

남겨진 바람은 만년을 맴돌며 일렁이겠지만

부상나무 가지 끝 왼쪽 날개가 걸려버렸구나.

비록 내 이야기가 먼 훗날까지 전해진다 해도,

공자마저 떠난 지금, 누가 이 깊은 슬픔 알아주리?

大鵬飛兮振八裔, 中天摧兮力不濟.

餘風激兮萬世, 游扶桑兮挂左袂.

後人得之傳此, 仲尼亡兮誰爲出涕?

• 시인의 마지막 작품으로, 붕새처럼 평생 큰 포부를 이루려고
노력했지만, 결국 이루지 못한 안타까움과 인생에 대한 미련을
담았다. 때를 잘못 만난 기린을 보며 슬퍼한 공자처럼 자신도
때를 잘 못 만나 포부를 실현치 못했다고 한탄했다.

大鵬飛兮振八裔　中天摧兮力不濟

餘風激兮萬世　　游扶桑兮挂左袂

後人得之傳此　　仲尼亡兮誰爲出涕

대붕비혜진팔예　　　　중천최혜력불제

여풍격혜만세　　　　　유부상혜괘좌메

후인득지전차　　　　　중니망혜수위출체

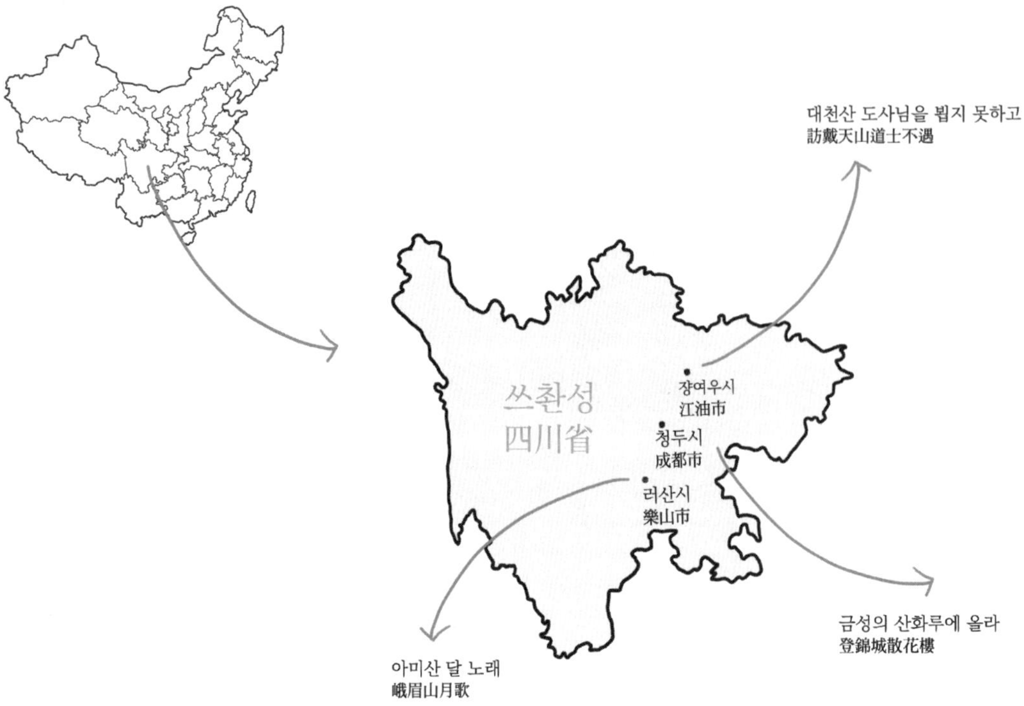

대천산 도사님을 뵙지 못하고
訪戴天山道士不遇

쓰촨성
四川省

장여우시
江油市

청두시
成都市

러산시
樂山市

금성의 산화루에 올라
登錦城散花樓

아미산 달 노래
峨眉山月歌

낭만이백의 시가 탄생한 곳

언제나 그리워라
長相思

산시성
陝西省

시안시
西安市

바오지시
寶鷄市

태백봉에 올라
登太白峰

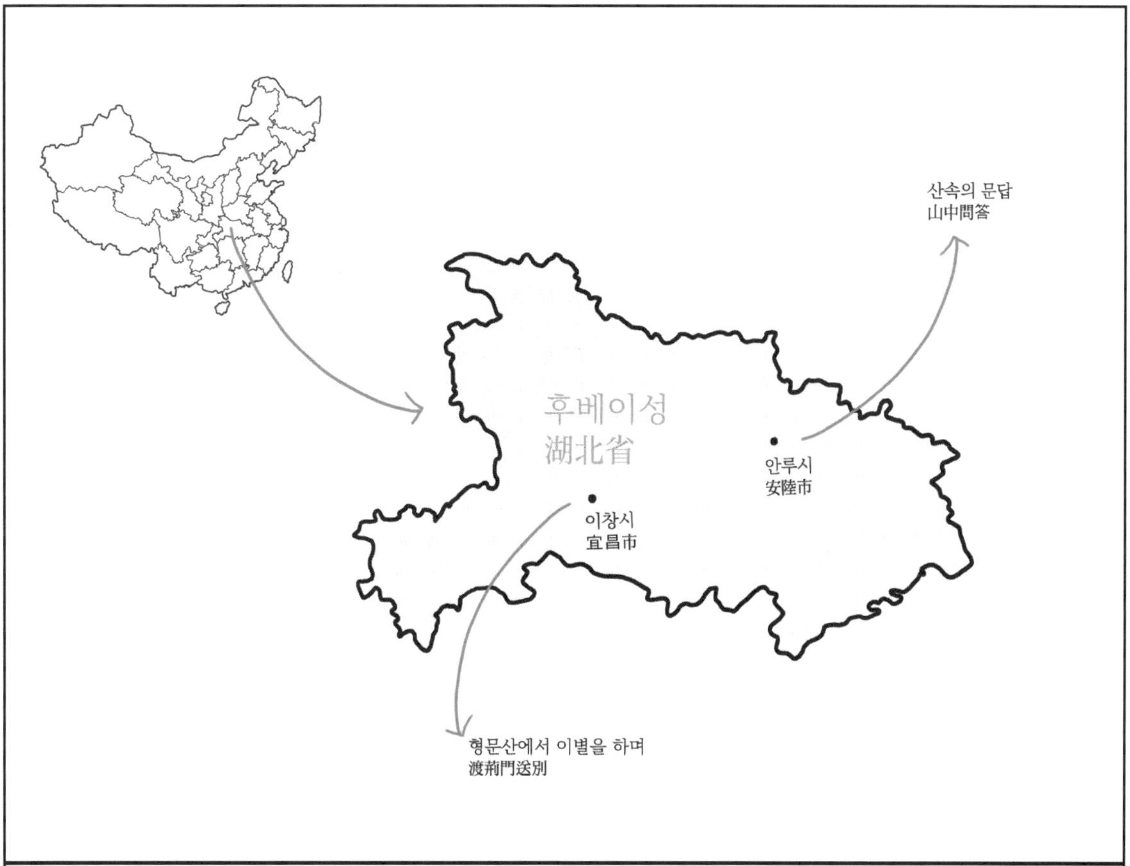

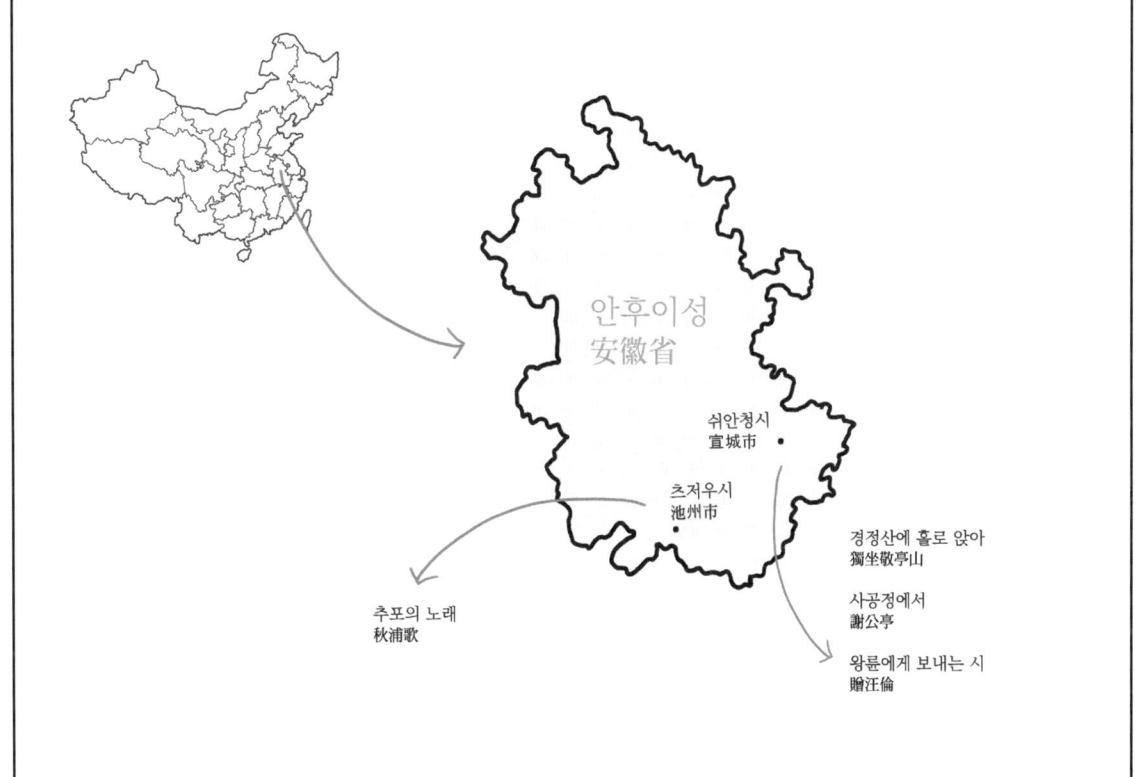

산속의 문답
山中問答

후베이성
湖北省

안루시
安陸市

이창시
宜昌市

형문산에서 이별을 하며
渡荊門送別

안후이성
安徽省

쉬안청시
宣城市

츠저우시
池州市

경정산에 홀로 앉아
獨坐敬亭山

사공정에서
謝公亭

왕륜에게 보내는 시
贈汪倫

추포의 노래
秋浦歌

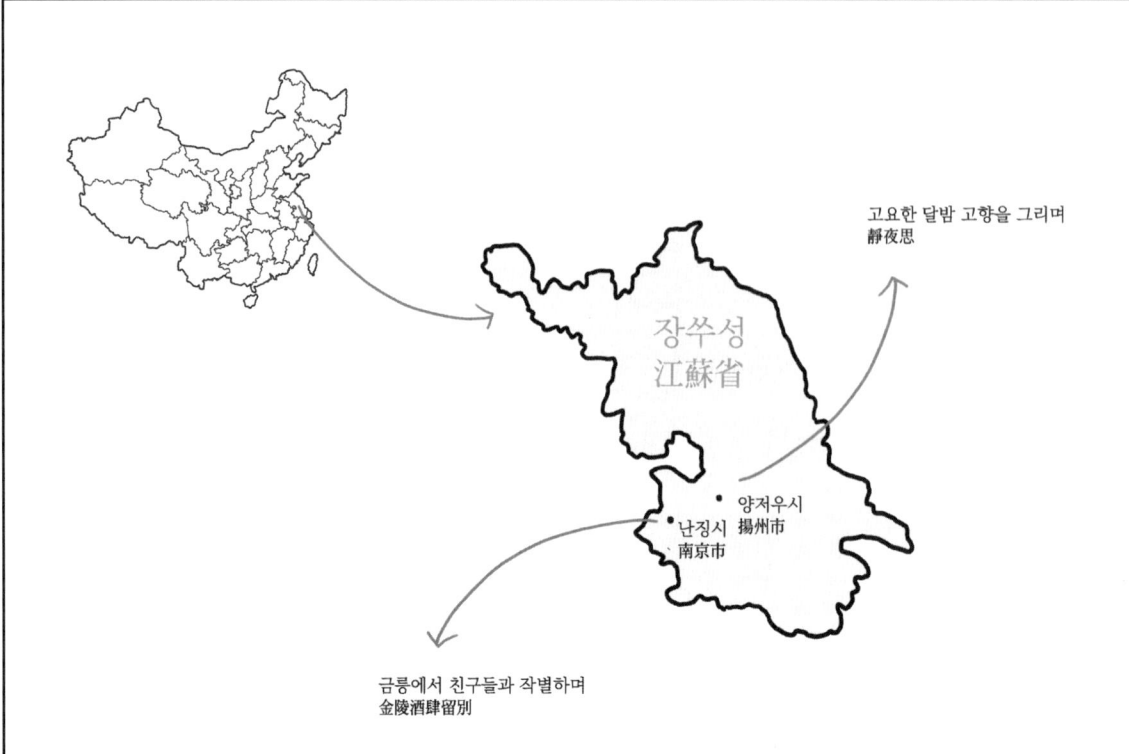

고요한 달밤 고향을 그리며
靜夜思

장쑤성
江蘇省

양저우시
揚州市

난징시
南京市

금릉에서 친구들과 작별하며
金陵酒肆留別

낭만이백의 시가 탄생한 곳

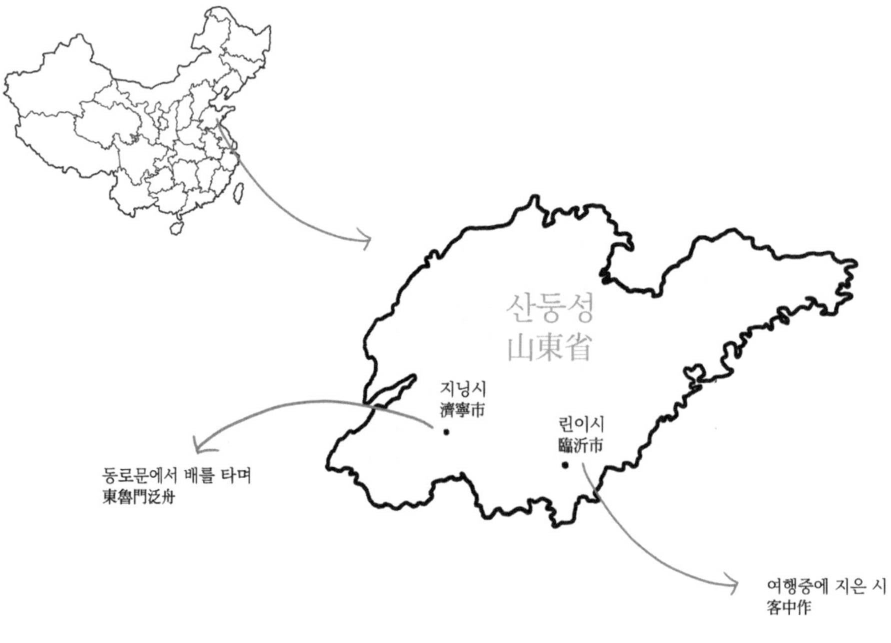

산둥성
山東省

지닝시
濟寧市

린이시
臨沂市

동로문에서 배를 타며
東魯門泛舟

여행중에 지은 시
客中作

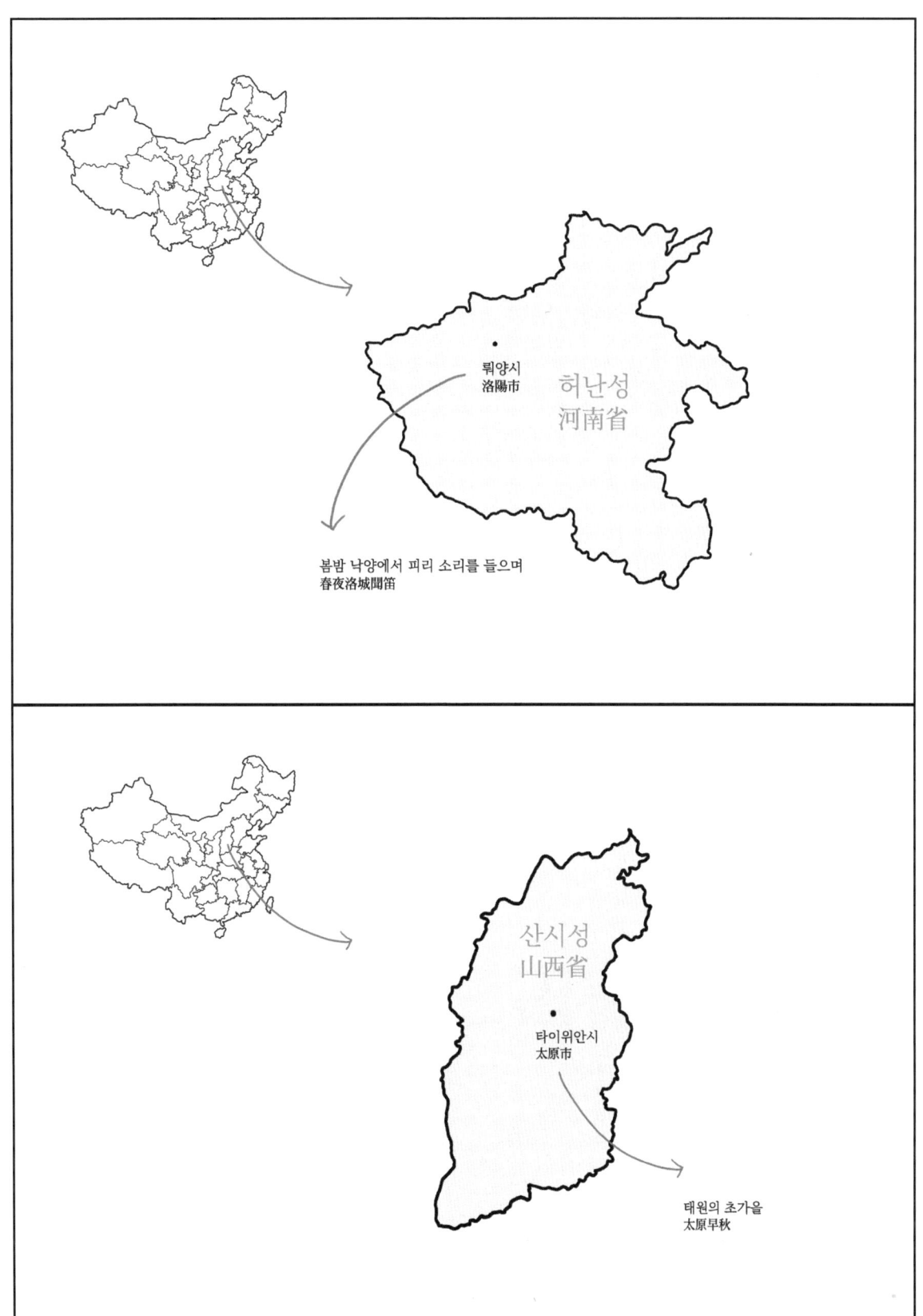